A ma Fanette, Stéphanie Mallet

© 2008 Aboubacar Sidibé
Edition : Books on Demand, 12/14, rond-point des Champs Elysées, 75008 Paris, France
Imprimé par : Books on Demand GmbH, Norderstedt, Allemagne
ISBN 978-2-8106-0141-7
Dépôt légal : novembre 2008

Petite Balade de Réflexion au cœur d'un réalisme sociétal

Abécédaire

Prolégomènes

L'on a dit que l'**amour** quand on le trouve est d'une grande **beauté** et procure du **bonheur**. Étrange car le bonheur nous maintient dans le qui-vive. La peur de le perdre nous est atroce. Donc nous ne pouvons pas être fondamentalement, heureux quand nous avons le bonheur même si nous prétendons l'être. Le bonheur par sa présence donc s'élimine. Par conséquent, l'absence du bonheur est le bonheur véritable car cette absence est garante de quiétude, de paix. Lorsqu'on n'a pas le bonheur, on ne risque pas grand-chose si ce n'est de voir notre situation changer. Et comme chances sont d'ordinaire minces de voir le bonheur arriver à l'improviste encore moins si on ne va pas le chercher, on peut dormir tranquille et s'accommoder de son absence. Notre **communauté** d'Homme courant après le bonheur ou plutôt ce qu'on définit comme tel ne peut espérer qu'un bonheur chimérique. Bien sûr, il est un lieu commun de dire que le bonheur se trouve dans des choses moins clinquantes et rutilantes que celles après lesquelles nous courons. Les plus sévères diront même qu'il n'est plus qu'un **cliché** désuet et un **coup** d'effet de croire cela.

Nous avons quand même compris qu'il est un critère qui soit inéluctable au bonheur : il s'agit de la liberté dont la **démocratie** se fait garante. Et nous avons cru à tort que le **devoir** ne pouvait se conjuguer avec la liberté. Alors, nous avons voulu nous défaire de tout devoir. Mais l'anarchie qui s'en suivrait si nul n'avait de devoir a vite fait de nous effrayer. Alors nous avons gardé des devoir que nous avons pris soin de masquer en les habillant d'autres qualificatifs.

Nous avons donc fini par croire à nos propres subterfuges. La méthode Coué a bien marché au point que nous avons cru n'avoir plus de devoir et être libre donc submergés de bonheur. La supercherie a commencé avec les modèles d'**éducation** qui nous sont imposés. Il aurait été plus judicieux d'assoir des bases moins hypocrites au commencement.

Lorsqu'on occupe un **emploi** par exemple, travailler est un devoir. Mais un devoir consenti. Et comme il est consenti, on le trouve moins contraignant. Et de savoir qu'on peut s'en défaire quand on veut nous donne le sentiment de liberté qui précède le bonheur. Ceci dit, il peut arriver qu'on ploie sous le poids des contraintes en tout genre mais qu'on ait l'impression d'être libre. Ceci tient à l'expérience et au champ des connaissances. Il est évident qu'on ne peut pas aspirer à quelque chose dont on ignore l'existence. Quelqu'un qui n'a connu que contraintes et désolations trouvera dans sa situation des moments et des raisons de réjouissances qu'il sera seul à comprendre.

Notre **fierté** devrait se limiter à la capacité d'informer les autres du champ des possibilités qui s'offrent à eux et dont nous avons connaissance. Le choix d'user de ces possibilités leur appartient. Vouloir faire le bonheur des autres à leur place alors que nous les avons trouvés autonomes : quelle prétention ! Encore faut-il que notre conception du bonheur soit universelle.

Nous en avons fait des dépendants. Cela était bien pour nos égos et pour nos coffres-forts. C'était le début des rapports nord-sud et de la **françafrique** en particulier. Les **frustrations** qui s'en sont suivies ont fait plus de dégâts dans les mentalités que les **guerres** n'en ont faits dans les vies du sud. Ce n'est point un **hasard** si le nord entretient volontairement son ignorance du sud et de tout ce qui concerne le sud. Et dans ce cas, pas d'**hypocrisie**. Le désintérêt est assumé car le sud n'est capable d'aucune sanction pécuniaire qui pourrait faire peur au nord. Quel intérêt a-t-on d'apprendre l'autre quand on est persuadé que ce qu'on apprend de lui ne peut en aucun cas améliorer notre existence et quand de surcroît, on est convaincu que ce qu'on lui prend nous revient de toute façon de droit divin dit-on. C'est d'ailleurs la seule **ignorance** qu'on se permet car elle est exempte de conséquences fâcheuses pour nous du nord. Normal, le sud n'est pas un marché pour écouler notre trop plein de produits. La meilleure preuve est qu'à présent, les cours de chinois mandarins se développent plus que jamais en occident parce que la chine est devenue un grand marché en expansion.

La **jeunesse** est les **journalistes** ont un rôle primordial à jouer dans l'équilibre du monde. La jeunesse, car l'avenir lui appartient. Les journalistes, car à l'heure des multimédias, bon gré mal gré ils font plus qu'informer. Ils éduquent. Ce serait **justice** quand on sait que l'écolier dans le sud connaît par cœur l'organisation politique de la grande Bretagne, le système politique allemand, l'histoire du château de Versailles, l'histoire de la révolution, etc., alors que l'écolier du nord ignore tout du sud jusqu'à l'existence de pays souverains et qu'il confond même le continent avec chacun des pays qui le composent.

Le **kantisme** estime que c'est l'expérience qui crée le contenu de la connaissance. Or, il arrive qu'on scénarise l'expérience. Cela suppose donc qu'on s'attend contenu de la connaissance qu'elle va nous livrer. Autrement dit, poser une question, c'est déjà présupposer la réponse. Donc, nous devons poser les bonnes questions à nos écoliers pour susciter en eux, le goût de l'expérience des autres et non plus attendre béatement qu'ils découvrent le contenu de leurs connaissances au gré du hasard de leurs expériences. Des **leçons** au sens de la connaissance, notre **monde** nous en donne en profusion. Si nous les avions acceptés, nous aurions formé des **nations** de gens doués d'intelligence. Des gens qui s'interrogent sur les mystères des choses. Nous aurions usé de l'**objectivité** et de la subjectivité au gré de nos besoins tout en prenant soin de ne les mélanger jamais. Notre **pensée**, elle-même immatérielle se serait occupée des choses immatérielles de son monde ; ce pour quoi elle est faite ; plutôt que de s'avilir au service de ses serfs que sont les choses matériels. La **psychologie** n'aurait servi qu'à fleurir nos débats et jamais à prétendre guérir nos âmes.

Ceux dont le métier est la **politique** auraient eu du souci à se faire dans ce cas car il est rarement des choses plus difficiles que gérer des gens bien dans leurs têtes.

Qu'en dira-t-on si nous osons affirmer que la psychologie sort de l'imaginaire farfelu de disciples d'une sorte de sophisme qui s'acharnent à expliquer des faits avec des moyens qui ne s'y prêtent pas. Elle est devenue un moyen privilégié du business pour amasser beaucoup d'argent. On a commencé par créer des casiers pour nous y mettre. Ceux d'entre nous qui avaient les pieds qui dépassaient des casiers, ont vu leurs pieds taillés. Ils ont eu mal. Ils n'ont pas trouvé réconfort autour d'eux parce qu'on avait crée autour d'eux un **racisme** anti-différents comme l'ont faits pendant longtemps les **religions**. Ils ont même entendu des **rires** moqueurs à leur intention. Alors on leur a proposé la psychologie qui, a-t-on prétendu, pouvait les guérir.

Parfois la nature prête main forte au business alors qu'il n'en a pas besoin. C'est le cas du **sida,** dont la nature a asséné l'humain et qui est du pain béni pour le business car les fabricants de trithérapie s'enrichissent tant qu'un vaccin ou un remède définitive ne sera pas trouvé contre le sida.

Pour étayer cela, il n'y a qu'à remarquer que l'on laisse périr des populations entières en les privant de trithérapie parce que ces populations n'ont pas les moyens financiers de s'en procurer. Et pourtant, il n'y a pas à réfléchir longtemps pour comprendre que laisser faire l'égoïsme des businessmen est un **suicide** de l'humanité parce que chaque être humain est une pièce d'un tout.

Dans les **temps** à venir, nous aurons à rendre compte à nos enfants. A moins que nous usions d'**uchronie** pour leur narrer l'histoire qui les a précédés. La **vérité** sera alors ce que certains voudront qu'elle soit. Au-delà de la vérité, notre **vie** entière ne serait qu'apparence et ne trouverait sa consistance que dans les dire des autres.

Comme son apparence extérieure légère, elle serait aussi vide de contenu et n'attendrait d'être pleine que des paroles des autres. Comme la notion de

wysiwyg, ce qu'on verra de nos vies, sera ce qu'on pourra attendre d'elles.

Le culte de l'apparence grandissant, la **xénophobie** connaît de belles heures. Cette pratique qui veut que je mette mes couleurs préférées sur un bout de terre, que je m'y installe et que je déteste tous les autres qui ont d'autres couleurs sur leurs lopins de terre. Heureusement que la preuve a été faite que nous pouvons abattre les frontière quand nos intérêts convergent. C'est le cas chaque fois que la vague torrentielle des modes déferle sur nos villes et campagnes. Ce fut le cas avec le mouvement **yéyé** qui a touché tous les peuples, même ceux alors cantonnés dans leurs **zones**.

A comme Amour

L'amour a bon dos. Il a ceci de merveilleux : c'est qu'à cours d'argument, nous pouvons prétendre qu'il est responsable de nos folies. Et alors, on nous pardonne tout.

A comme Amour (Bis)

Dernier rempart conservé par la nature pour préserver l'Homme du contrôle total de l'Homme. En effet, s'il est un domaine où l'Homme échappe au contrôle des autres Hommes et même de lui-même, c'est l'amour. C'est pourquoi, à la question : « Qu'est-ce qui vaut le mieux pour un prince, c'est d'être aimé ou d'être craint ? » On répond sans ambages : ce qui vaut le mieux pour un prince, c'est d'être craint. Car la monarchie ne saurait souffrir d'adhésion fluctuante. Or l'amour pour quelqu'un ; fut-il un monarque ; échappe à tout contrôle, évolue de façon imprévisible et n'a pas d'obligation d'exister. Un monarque préférera donc susciter la crainte car la crainte peut être contrôlée et gérée.

B

B comme Beauté

Quel qu'elle soit, elle est le reflet du bon regard qu'on porte sur soi-même.

B comme Bonheur

Notre quête effrénée du bonheur nous fait lever de bonne heure pour des chimères dont nous ne profiterons jamais. Finalement, notre seule consolation sera le regard envieux de ceux qui ne savent pas.

C

C comme Cliché

Il entretient nos préjugés et nous réconforte dans notre situation. Lorsque l'objet du préjugé est effectivement tel que nous le croyions, nous sommes rassurés. S'il ne l'est pas, notre panique a vite fait de nous rendre méchants.

C comme Communauté

Les intensions qui motivent leurs créations sont souvent bonnes mais les effets sont tout aussi souvent pervers. Sous les replis communautaires se cachent des replis identitaires nocifs.

C comme Coup de foudre

Comme lorsque l'oiseau est frappé par la foudre, il se brûle les ailes et retombe lourdement sur terre, le coup de foudre en amour ne présage rien de bon.

D

D comme Devoir

A-t-il encore un sens pour que nous en ayons un sens ? A l'heure du plaisir et de la jouissance perpétuelle, le seul devoir qu'on s'autorise est d'œuvrer pour son seul plaisir au détriment de toute considération. Nous avons satisfait les besoins primaires à satiété. Au lieu de profiter de cette disponibilité de notre esprit pour satisfaire d'autres besoins dont nous soupçonnons l'imminence (c'est-à-dire les besoins spirituels, intellectuels, émotionnels et tout ce qui s'y rapporte), nous régressons ou au mieux, stagnons à créer d'autres besoins primaires afin de les satisfaire indéfiniment. Perte de temps et d'énergie pour de viles choses.

D comme Démocratie et Dictature

L'une et l'autre se succèdent indéfiniment car les contemporains de l'une oublient les ravages de l'autre dépassée.

La démocratie est le pouvoir du peuple, mais le peuple n'étant pas sage et surtout ne voulant aucune responsabilité, il a toujours besoin d'avoir quelqu'un a qui s'en prendre si les choses allaient mal. Cette personne incarnerait l'inatteignable dont le statut reflèterait ce à quoi aspire le peuple. Ainsi le peuple se cherche inconsciemment un dictateur. Mais la dictature venue, elle fait souffrir le peuple qui se voit dépossédé de ses droits. Il aspire de nouveau à être dirigé par un démocrate.

E

E comme Education, Emerveillement

La théorie démagogique de Dolto est qu'il faut mettre l'enfant au centre de tout. Ce qui a provoqué l'émergence d'enfants rois qui émerveillent pourtant des parents fragilisés par une vie fade. L'émerveillement qu'on a pour son enfant lorsque cela est décelé est un frein à la bonne éducation.

Y a-t-il meilleur exemple que ce que Dolto elle-même donne à travers l'éducation qu'elle a donné à son fils. Cette éducation en a fait un éternel enfant qui a peur de grandir. Lui, a quand même eu la chance d'avoir une mère riche et célèbre. Ce qui lui a valu l'indulgence du monde qui a vu plutôt dans son infantilisme, le personnage rigolo. Quand est-il de l'enfant de pauvres parents anonymes qui essaient de suivre les théories de Dolto ?

E comme Emploi

En termes d'emploi, la préférence nationale est un choix inconscient de la médiocrité. Pour atteindre l'efficacité maximale, on doit considérer un critère unique. Si malgré tout, on doit considérer plusieurs critères, ils devront être en série de sorte à être déductibles les uns des autres. Les critères parallèles et indépendants les uns des autres entraîneraient forcément une efficacité moindre.

C'est-à-dire que si pour un emploi à pourvoir, le critère considéré est la compétence, il devra être l'unique critère pris en compte. Si l'appartenance à une nation doit être considérée, elle devra être liée à la compétence de façon déductive comme si l'appartenance à la nation impliquait de fait cette compétence recherchée. Grand défi d'absurdité !

F

F comme Fierté

Ils haranguent qu'ils sont fiers d'être ce qu'ils sont alors qu'ils s'en contentent car ils n'ont ni choisi la situation dont ils disent être fiers ni participé à sa réalisation.

F comme Françafrique

« J'irai les chercher quoi qu'ils aient faits ». J'étais comme beaucoup de téléspectateurs, sidéré, ébahi et interdit devant la télévision à l'écoute de cette phrase qui laissait supposer que contrairement à ce que nous croyions, pauvres naïfs que nous sommes, nous ne sommes pas encore à l'ère de la mondialisation. Ou plutôt si, mais des choses étaient restées inchangées. Parmi ces choses, le rapport d'influence entre deux mondes qui vivent l'un à côté de l'autre dans une logique de domination et soumission perpétuelle. Cette phrase injurieuse et pourtant insistante, intolérable et pourtant tolérée participait d'une logique qui a débuté avec un discours dans lequel un homme d'état restaurait l'existence des races humaines (qui soit dit en passant, n'existent pas), leur classement et l'illusoire supériorité de l'une sur l'autre.

Cependant, « lorsque vous trébuchez à un endroit et que vous tombez plus loin, plutôt que de s'en prendre à l'endroit de votre chute, demandez des comptes à l'endroit où vous avez trébuchez ». Pour dire que cet homme d'état est certainement en cause pour des propos aussi diffamants et injurieux mais les vrais coupables sont les responsables politiques africains qui ont incité à ce genre de réflexion en maltraitant leurs populations et en délaissant l'intérêt commun au profit de leurs seuls intérêts.

F comme Frustration

Nécessaire à une personnalité en devenir, elle fait relativiser l'estime qu'on a de soi. Plus tôt on s'y confronte pour des choses d'importances minimes, mieux, on la gère plus tard pour des choses d'importances capitales.

G

G comme Guerre

Rien ne nous aura fait autant démontrer notre intelligence de par les avancées scientifiques et technologiques qu'elle a suscitées, nous différenciant ainsi des bêtes. Et pourtant, nous leur avons ressemblé plus que jamais de par nos agissements.

H comme Hasard

Le hasard est ce qu'on dit d'un évènement conséquent à un scénario orchestré avec la plus extraordinaire précision mais dans lequel, notre avis n'a pas été sollicité.

H comme Hypocrisie

Chut ! Ne le dites surtout pas. Dites plutôt « Diplomatie ». Elle est maintenant la favorite des politiciens.

I

I comme Ignorance

Comme le dit un livre saint auquel je ne concèderai pas le moindre partie pris ; « L'ignorance est un péché », c'était peut-être la façon de dire à une certaine époque que l'ignorance est la mère de nombre de maux.

I comme Ignorance (Bis)

Pour les avoir vus étaler leurs lacunes en tout genre en s'esclaffant quand même, j'ai pensé : l'ignorance est un droit mais vouloir s'y complaire est une injure à l'humanité toute entière. Ignorer certaines choses nous rend humain car on a ainsi conscience de nos limites. De plus, ce fait nous appelle à d'autres ambitions sans que nous mourions dans un calme cérébral.

J

J comme Jeunesse

Gageons qu'une fois dépassée, nous saurons nous en souvenir avec tendresse et compassion mais jamais de nostalgie. Si nous n'adoptons cette ligne de conduite, nous raterons notre vieillesse, trop occupés à remâcher l'ombre de notre jeunesse pourtant disparue. Chaque âge trouve ; s'il cherche ; des raisons de se réjouir.

J comme Journaliste

Sensés nous informer en toute objectivité, la plupart d'entre eux ont vendu au plus offrant leurs pages, et avec, leurs âmes. Ceux d'entre eux qui s'adressent à l'aspect le plus superficiel de notre être gagnent à ce que nous soyons tous superficiels. Œuvrant de tout leur génie pour nous abêtir, ils y parviennent. Les autres plus profonds, désespérés de nous ré-intellectualiser, nous rejoignent dans la boue pour y patauger gaiement.

J comme Justice

N'exigeons pas d'elle ce qu'elle ne peut nous donner : l'équité. Pour se faire, il aurait fallu qu'elle soit l'affaire d'un niveau de conscience supérieur au nôtre : divine. Ou l'affaire d'un niveau de conscience inférieur au nôtre : bestiale. Là seulement, elle aurait été équitable. Inhumaine car dépourvue de sentiment humain, mais équitable. Nous avons préféré le sentimentalisme et l'assentiment humains à l'équité inhumaine. Heureux choix. Mais alors, les inégalités devant la justice, les erreurs de justice, les délits de sales gueules, les règlements de compte sont à nos portes.

K comme Kantisme

Une des théories du kantisme est que toute connaissance scientifique est l'union d'une forme et d'un contenu ; l'esprit humain fournit la forme ; le contenu ne peut venir que de l'expérience sensible.

J'estime qu'il mésestime l'esprit humain. J'affirme que l'esprit humain fait plus que fournir la forme. Il possède le contenu dont il ne peut enfanter qu'en ayant été titillé par l'expérience sensible. En d'autres termes, la connaissance scientifique toute entière, forme et contenu, est la propriété exclusive de l'esprit humain. Tout le reste, expérience et instruction ne sont qu'artefacts.

Faisons le parallèle avec l'éducation qui commence comme une connaissance car on nous l'apprend, pour continuer en une habitude car elle finit par faire partie de nous. En réalité, on n'est pas éduqué, on est inspiré. En effet, l'éducation consiste en vérité à brider certains traits moins conformes et en relâcher d'autres plus conformes. Ces traits étant à l'origine dans les profondeurs de l'esprit humain.

L

L comme Leçon

A l'impétueux, on a rétorqué qu'il n'est qu'un donneur de leçon. Et l'impétueux, honteux, s'est tu. Et chacun fit ce qu'il voulait, se préoccupant de son propre aise au détriment des autres.

A force de ne pas se mêler de ce qui ne nous regarde pas, cela finit par nous regarder.

M

M comme Monde

J'ai fait l'expérience que les mondes dits parallèles ne sont pas d'hypothétiques réalités semblables aux nôtres qui se trouveraient en d'autres lieux dont nous n'avons pas connaissance. Il s'agit peut-être et même certainement d'autres niveaux de conscience auxquels nous pouvons accéder par une maîtrise parfaite de certaines activités de nos cerveaux.

Dans ces mondes, nos corps ne sont pas invités. D'ailleurs ils y sont inutiles. Dans ces autres mondes, la notion du temps est différente si ce n'est qu'elle n'existe pas. Le temps y est ce que nous voulons qu'il soit.

M comme Monde (Bis)

La question sur l'existence d'autres mondes et d'autres créatures soulève beaucoup de passion. Chez les matérialistes, elle provoque du scepticisme et pourtant une simple logique devrait achever de les convaincre si ce n'est sur la vraisemblance d'autres mondes, mais au moins sur l'absurdité de leur scepticisme.

La logique est la suivante : l'univers tout entier est immense au point que notre terre et même notre galaxie s'y trouve infiniment petite. Dans ce cas, la probabilité qu'il existe d'autres mondes dans cette immensité d'univers est forcément plus grande que la probabilité qu'il n'en existe pas. Si la rigueur scientifique nous impose de douter en l'absence de toute certitude, le doute sur la non-existence d'autres mondes devrait l'emporter sur le doute sur l'existence de ces autres mondes.

N

N comme Nation

Triste utopie depuis que les transports se sont modernisés. Les gens s'attachent de moins en moins émotionnellement à un lieu pour créer avec les autres habitants de ce lieu, un même sentiment d'appartenance à ce dit-lieu.

N comme Nation (Bis)

Notion vulnérable dont on nous dit qu'elle est en péril pour susciter en nous, les instincts les plus bas contre les prétendues menaces qu'on nous aura désignées.

Et pourtant, sa disparition ne nous entaillerait d'aucune manière. Au contraire, son effacement nous élèverait car tel un leste, elle nous retient dans les abîmes du nombrilisme destructeur.

O

O comme Objectivité

Comment peut-on l'exiger là où justement, s'exerce l'esprit. Et pourtant, il n'est rien de plus subjectif que l'esprit.

On dit juger en toute objectivité, discuter en toute objectivité. Or, juger et discuter sont des actions de l'esprit qui lui-même est subjectif à souhait. Grande contradiction !

P

P comme Pensée

Ce n'est point un hasard si le cerveau est l'organe vital le plus en hauteur du corps humain. C'est pour nous rappeler la prévalence de la pensée sur tout le reste.

P comme Politique

C'est l'art de blanchir toutes les perversités afin de les pratiquer fièrement.

Ainsi, l' « hypocrisie » devient « diplomatie », le « passe-droit » et le « favoritisme » deviennent la « recommandation », le « racket » devient le « prélèvement », etc.

Les politiciens ont en commun cette étonnante capacité. C'est celle de faire regretter ceux qui les ont précédés à leurs postes.

P comme Psychologie

Il s'agit de l'une des plus grandes arnaques de tous les temps. Le psychologue a l'art d'enfoncer votre porte quand elle est déjà ouverte ou d'ouvrir une autre quelconque pour vous y faire entrer même si ce n'est pas chez vous. La psychologie a ceci d'avoir besoin que vous agréer ses analyses pour se sentir validée.

En cela, le psychologue se distingue du scientifique et se rapproche du marchand de tapis, du baratineur.

D'un goujat violent qui bat sa femme, le psychologue vous dira qu'il reproduit le schéma de son enfance si son père a commis les mêmes horreurs. Dans le cas contraire, si le père était très aimant et non-violent, le psychologue vous dira que le goujat agit par contraste avec le schéma de son enfance. Finalement les analyses de psychologie ne sont que de l'opportunisme !

Q

Q comme Qu'en-dira-t-on

L'importance que nous accordons au regard des autres dénote de notre lointain passé d'être social au sens primitif. L'Homme vivant dans une société qui lui donne sens et estime. De fait, il se soumet au jugement de la société dans laquelle il se meut afin qu'elle lui donne ou lui refuse quitus.

L'individualisme galopant devrait dissoudre la part trop belle faite au qu'en dira-t-on. Mais comme chez certaine personnes, il demeure des vestiges de notre lointain passé d'être social et sociable, le social se voit cohabiter avec l'individualisme. Ces personnes soumettent donc leurs actes aux individualistes qui n'en ont que faire. Et alors, tristesse et désespoir.

R

R comme Racisme

Il tient sa substance dans l'idée perfide qu'il existe plusieurs races. Démonstration étant faite qu'il n'existe qu'une race unique : la race humaine, le racisme devrait s'éteindre. Mais il n'en sera rien. Le vrai problème n'est pas le racisme mais la peur de la différence. Si tous les humains avaient la même couleur de peau mais des couleurs d'yeux différents, ceux qui ont les yeux de même couleur se regrouperaient et essaieraient de dominer les autres.

Enivrés par le besoin que nous humains avons de nous rassurer égoïstement de la valeur de notre existence mais n'y croyant qu'à moitié, nous dénigrons autrui pour nous convaincre d'une valeur relative de notre existence.

R comme Religion

Qu'ont-ils inventé de plus fort pour que nous nous avilissions gaiement, satisfaits de nos misères en tous genres.

R comme Rire

Est-il possible de susciter le rire sans que cela soit au dépend d'une tierce personne et tout en restant dans la bienséance ? Assurément. Mais cela est aussi difficile que pêcher du poisson dans une eau qui n'en contient que très peu. Il faut donc créer et faire preuve d'originalité. Ce serait la panacée, mais ce n'est pas le fort de tous. Alor, o jette en pâture une personne dont on se moque méchamment des travers. La foule hilare est reconnaissante car elle relativise du coup ses propres déboires. Le moqueur n'est pas coupable que son public qui ne sait distinguer le bon grain de l'ivraie.

S

S comme Sida

Fléau de notre époque nouvelle. Cette maladie a eu la perfidie d'utiliser les rapports sexuels comme support de transmission privilégié. Sachant l'engouement que l'Homme a pour la chose sexuelle et la nécessité vitale qu'il a de se reproduire.

S comme Sida (Bis)

Le sida aurait été transmis à l'humain par le singe qui porterait le virus sans rien laisser paraître.

Notre amour pour les bêtes ne peut les élever à notre condition. Cet amour ne doit pas non plus nous emmener à la leur. A avoir des contacts physiques trop intimes parfois déviants avec nos animaux, d'autres épidémies sont à venir. Les humains entre eux ne réagissent pas pareillement aux mêmes microbes car tous n'ont pas les systèmes immunitaires rigoureusement identiques. Alors, que dire des animaux et des humains.

S comme Suicide

Délaissés ou ayant échoué, ils se lancent dans une quête de reconnaissance. Quand enfin, elle arrive, ils ne sont plus là pour la savourer. Le suicide est un acte d'ingratitude envers soi.

S comme Suicide (Bis)

Lorsque quelqu'un tente un suicide, on dit qu'il a voulu en finir. On entend par là, qu'il a voulu en finir avec la situation qu'il traversait. Faire de l'expression : « Vouloir en finir » une paraphrase de « suicide » participe à banaliser le suicide. Vouloir en finir avec une situation déprimante est normal et humain. Pour cela, plusieurs issues existent en fonction des situations. En revanche, le suicide est un acte extrême qui consiste à couper court à la vie tout entière. Or ce qui le plus souvent déprime concerne une situation ou un aspect particulier de la vie et jamais la vie entière, encore moins la vie dans toute sa durée.

T

T comme Temps

Je suis persuadé que si du fait de notre évolution technologique et aussi invraisemblable que cela paraisse, nous arrivons ; un jour ; à voyager dans le temps, cela ne saurait se faire sans maîtriser et exploiter le macro-espace. C'est-à-dire, l'espace dans ses grandes dimensions. L'intime liaison qui existe entre le temps et l'espace dans les grandes échelles devrait nous permettre de modifier sensiblement l'un en agissant sur l'autre et vis-versa.

U

U comme Uchronie

C'est ce qu'ils ont fait de l'histoire en ne la racontant pas dûment. Et c'est le destin de tous les faits historiques tant qu'ils seront relatés par ceux qui les ont vécus.

V

V comme Vérité

Il nous faudra beaucoup d'humilité et de tolérance pour admettre que ce que nous ignorons et dont nous n'avons aucune expérience ; ni directement, ni par personne interposée ; peut quand même exister. Alors là seulement, nous aurons le goût de la vérité absolue.

V comme Vie

Que n'aurait-on pas mieux fait de se taire et reconnaître pour elle (la vie), le précieux flirtant dangereusement avec le fragile auprès duquel elle l'est davantage.

La vie est à la fois précieuse et fragile. Précieuse parce que nous n'en avons qu'une à notre connaissance et pace qu'elle est fragile. Fragile parce qu'elle est précieuse. La boucle se ferme sur le regard matériel posé sur la vie. Je serais tenté d'adapter le célèbre dicton et d'affirmer : Vérité en deçà de l'esprit, erreur au-delà.

Il est des niveaux de conscience où la vie n'est pas fragile. Elle n'en est pas moins précieuse.

V comme Vie (Bis)

Des faits attirent mon attention. Débarrassé de tout préjugé et m'habillant de l'innocence, je les observe. Je constate alors que rien auparavant ne me prête à la pensée selon laquelle nombre d'insectes ont une durée de vie très courte en comparaison aux autres êtres vivants. La fréquence de leurs rythmes cardiaque est cependant plus élevée. De plus, ils ont une vision au ralenti du monde environnement. Ce qui les rend plus rapide pour un observateur extérieur. Tous ces constats m'amènent à émettre ces idées suivantes sans pour autant les généraliser :

Première théorie : La durée de vie serait donc inversement proportionnelle au rythme cardiaque ? De sorte qu'en fin de vie, toutes les espèces vivantes auront réalisé sensiblement le même nombre de battement cardiaque.

Deuxième théorie : On sait que vitesse= distance parcourue/ temps mis. Il vient : temps mis= distance parcourue/vitesse.

On considère que la distance parcourue est notre parcours dans la vie, c'est-à-dire ce que nous avons à faire.

La vitesse étant a rapidité à laquelle nous accomplissons les actes de notre vie.

Pour une distance parcourue constante (nous ne pouvons pas agir sur notre parcours futur dans la vie car nous l'ignorons à priori), diminuant la vitesse, c'est-à-dire notre empressement à faire des choses, nous aurons le temps qui augmentera. C'est-à-dire que le temps nous semblera plus long.

W comme Wysiwyg

Sommes-nous ce que nous paraissons ? Des gens bien plus inspirés ont répondu par la négative à cette question. L'originalité voudrait que j'y réponde par l'affirmative. Mais sans argumentation, il n'y aurait aucune substance. Sinon, je prétendrais que notre apparence extérieure reflète notre intérieur. J'augure qu'à force d'acharnement à l'observation, l'on pourra déceler ce qui se cache dans les abîmes de l'âme.

X comme Xénophobie

Il s'agit de l'expression la plus violente de l'hermétisme de l'esprit. C'est l'aboutissement d'un appauvrissement intellectuel qui nous empêche de percevoir les nuances et les similitudes. L'étranger diffère de nous comme un frère ayant vécu d'autres expériences, pourrait l'être de nous. Mais l'étranger nous ressemble en ce qu'il y a de fondamental en nous : notre nature humaine.

Si notre bêtise nous maintient dans les amalgames, concevons que tous les étrangers sont pareils. Or comme chacun de nous est l'étranger de quelqu'un. Donc nous sommes tous pareils.

Pour lutter contre la xénophobie, la stratégie qui consiste à nous apprendre que l'étranger est bon et merveilleux est inefficace car c'est de l'angélisme qui est vite démonté par les agissements de quelques étrangers. Et alors, les préjugés xénophobes ragaillardis repartent de plus belle, ayant trouvé là, leurs propres justifications.

Il serait plus utile d'ouvrir les yeux des gens sur leurs propres travers. Peut-être seraient-ils alors plus indulgents quand ils regardent ceux des autres.

Y

Y comme Yé-yé

Ce qu'on en a dit est ce qu'on a souhaité pour nos institutions pourtant frappées d'une rigidité cadavérique.

Nos institutions mortes, ne se muant plus, sont sclérosées par une mise en garde au changement brandie par certains biens pensants.

Z

Z comme Zone

Curieux concept qui ternit l'image du mot auquel il est accolé.

Zone de confiance qui suppose que la confiance est en péril et qu'il faille délimiter une zone au sein de laquelle on tente de la rétablir.

Zone d'éducation prioritaire qui part d'une bonne intention mais qui suppose que l'éducation est en mal dans cette zone.